Trackliste der Audio-CD

Gesamte Spieldauer 66 Minuten

Track 1	Wie alles begann …		Track 7	Wo bleibt die Post?
Track 2	Clarita mit der Zaubermütze		Track 8	Die Jagd nach der Krone
Track 3	Romis Schnürsenkel-Erfindung		Track 9	Das Prinzessinnen-Theater
Track 4	Ziege Gerti wünscht sich was		Track 10	Als Pina sauer war
Track 5	Die Zauber-Einschlafdecke		Track 11	Der lustigste Geburtstag
Track 6	Das große Burgfest		Track 12	So ein lautes Glöckchen

Milena Baisch
Prinzessinnengeschichten für 3 Minuten

Milena Baisch
ist in Wuppertal aufgewachsen. Mit dem Schreiben von
Kinderbüchern hat sie schon als Schülerin angefangen. Seitdem
wurden verschiedene Kinder- und Jugendbücher veröffentlicht.
In Berlin studierte sie an der Filmakademie das
Drehbuchschreiben und schreibt seitdem auch Drehbücher für
Kinder- und Erwachsenenfilme. Sie lebt in Berlin.

Eleni Zabini
wurde 1975 geboren und studierte Kunstgeschichte
in Graz. Seit 2000 ist sie als freischaffende Illustratorin tätig
und arbeitet für verschiedene Kinderbuchverlage.
Sie lebt mit ihrem Mann und ihren zwei Kindern in Graz.

Milena Baisch

Prinzessinnengeschichten für 3 Minuten

Mit farbigen Bildern von Eleni Zabini

Arena

2. Auflage 2017
© Arena Verlag GmbH, Würzburg 2016
Dieses Buch ist erstmals 2011 erschienen.
Alle Rechte vorbehalten
Illustrationen: Eleni Zabini
Audio-CD-Arrangement und Musik: Benjamin Wagner
Studio: Giesing Team
Sprecher: Dagmar Dempe
Gesamtherstellung: Westermann Druck Zwickau GmbH
ISBN 978-3-401-70693-1

www.arena-verlag.de

Inhalt

Wie alles begann …	11
Clarita mit der Zaubermütze	17
Romis Schnürsenkel-Erfindung	23
Ziege Gertie wünscht sich was	28
Die Zauber-Einschlafdecke	33
Das große Burgfest	38
Wo bleibt die Post?	44
Die Jagd nach der Krone	49
Das Prinzessinnen-Theater	55
Als Pina sauer war	60
Der lustigste Geburtstag	65
So ein lautes Glöckchen	71

Wie alles begann...

Es war einmal ein Berg, auf dem blühten so viele gelbe Blumen, dass die Leute ihn den Gelben Berg nannten. Er war groß und hatte einen Bach und die Menschen und Tiere lebten gerne auf seinen Hängen und Hügeln.
So auch der Vogelfänger Ottokar. Er fing im Wald schöne Vögel und brachte sie zum Markt, um sie zu verkaufen. Auf dem Markt war immer viel los. Alle Leute kamen und lachten und aßen und riefen durcheinander. Neben Ottokar und seinen Vögeln gab es einen Stand, an dem man gegrillte Bananen essen konnte. Sie waren köstlich und Ottokar freute sich den ganzen Tag über auf den Abend. Dann nämlich durfte er der Bananenfrau dabei helfen, alle übrig gebliebenen Bananen aufzuessen. Die Bananenfrau hieß Annemie und Ottokar fand, dass sie sehr nett war.

Eines Tages geschah es, dass Ottokar einen ganz besonderen Vogel fing. Der war unglaublich bunt und er sang nicht »Tirili« oder »Tirila«. Nein, er gab ein seltsames Geräusch von sich. Das klang wie »Buba«, fanden manche Leute. Ottokar hörte dem Vogel gut zu, Hunderte Male. Der Vogel war so besonders, so besonders schön, dass er sicherlich etwas Wichtiges mitzuteilen hatte.

Am Abend, als sie gegrillte Bananen aßen, sprang Ottokar plötzlich auf. »Ich hab's!«, rief er. »Der Vogel ruft: ›Burg bauen!‹ Es ist ganz klar: ›Burg bauen.‹«

Die Leute nickten und meinten: »Ja, das könnte hinkommen. Ist wohl ein Papagei, der mal jemanden gehört hat, der oft ›Burg bauen‹ gesagt hat.« Sie schlugen Ottokar vor, den Vogel wieder freizulassen, weil ihn bestimmt keiner kaufen würde. Aber Ottokar stand auf und sagte: »Ich werde eine Burg bauen.«

Am nächsten Morgen ging er zum Gipfel des Gelben Berges und begann, Steine für die Burg zu sammeln. Wenn besondere Vögel einem etwas sagen, muss man darauf hören, fand Ottokar. So etwas war wie im Märchen und Ottokar liebte Märchen.

Die Burg zu bauen, war viel Arbeit. Es sollte ganze zwölf Jahre dauern. Annemie half Ottokar, weil sie ihn sehr nett fand. Den Bau der Burgmauern unterbrachen sie nur einmal ganz kurz, um Hochzeit zu feiern. Und kaum stand das große Burgtor, da brachte Annemie eine Tochter zur Welt, die sie Pina nannten. Später, als das erste Türmchen entstanden war, bekam Pina eine Schwester namens Romi. Und pünktlich zur Einweihung des Marktplatzes auf dem Burghof wurde die kleine Clarita geboren.

Ottokar und Annemie liebten ihre Burg. Sie gruben unterirdische Gänge zwischen den Räumen. An die Burgmauer pflanzten sie gelbe Rosen, in denen der bunte Vogel wohnte.

Die Leute vom Gelben Berg schauten manchmal hoch zum Gipfel und dann sagten sie: »Der Ottokar hat wirklich einen Vogel. Baut eine Burg. Sind wir denn hier in einem Märchen?«

Doch an dem Tag, an dem die Burg nach zwölf Jahren schließlich fertig wurde, an diesem Tag sollten die Leute sich wundern. Ottokar und Annemie klebten den letzten Stein ihres dritten Türmchens mit Mörtel fest, als ein schreckliches Unwetter aufzog. Der Wind wehte so wild und der Regen fiel so prasselnd, dass die Leute nicht länger in ihren Hütten bleiben konnten.

Nach und nach kämpften sie sich durch den Sturm hinauf zur Burg, denn dort fanden sie Schutz. Sie versteckten sich in den unterirdischen Gängen hinter den dicken steinernen Mauern. So blieben sie trocken und ihr Leben wurde von der Burg gerettet.

Am nächsten Morgen, als der Himmel wieder ganz ruhig geworden war, liefen Pina, Romi und Clarita aus den unterirdischen Gängen, um den bunten Vogel zu suchen. Ob er den Sturm gut überstanden hatte? Da fanden sie ihn im dritten Türmchen. Jede einzelne seiner bunten Federn war trocken geblieben und sie glänzten so schön wie nie. Die Mädchen freuten sich und sie staunten. Denn vor dem bunten Vogel lagen seltsame

Dinge: eine Fellmütze, ein kleiner Hammer und ein goldener Armreif.

Mit seinem Schnabel hob der Vogel einen Gegenstand nach dem anderen hoch und übergab ihn den Mädchen. Dann schlug er aufgeregt mit den Flügeln und rief laut: »Tirili! Tirila!« Er flog über die Köpfe der Mädchen hinweg zum Fenster, durch das Fenster hinaus in den Sonnenschein, wo seine Federn prachtvoll schillerten, bis er hinter dem Gelben Berg verschwunden war.

Die Leute standen im Burghof versammelt. Sie bejubelten Ottokar und Annemie vor lauter Freude darüber, dass die Burg ihnen das Leben gerettet hatte. »Bei euch ist es wirklich wie im Märchen!«, riefen sie.

Pina, Romi und Clarita setzten sich auf die Burgmauer und schauten zu, wie die Leute zu ihren kaputten Hütten liefen und ihre Sachen holten. Ottokar und Annemie hatten nämlich alle eingeladen, von nun an in der Burg zu leben.

Clarita setzte die Fellmütze auf. »Sind wir wirklich im Märchen?«, fragte sie ihre Schwestern.

»Klar«, sagte Romi, während sie mit dem kleinen Hammer vorsichtig gegen die Mauer klopfte.

»Oh ja!«, rief Pina. »Dann sind wir die Prinzessinnen!« Stolz hob sie ihre Hand, an der der goldene Armreif funkelte.

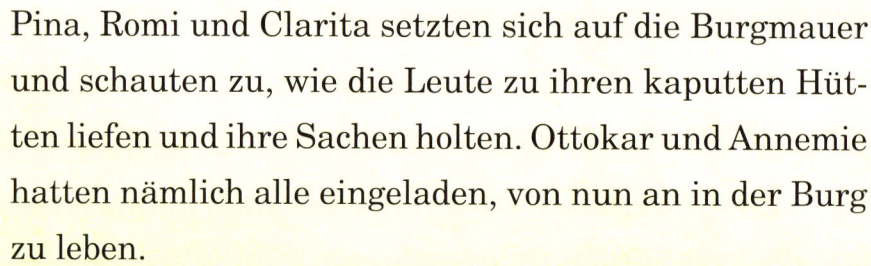

Clarita mit der Zaubermütze

In der Burg lebten nicht nur die Leute und die Prinzessinnen mit ihren Eltern, sondern auch so einige Tiere. Die Hühner legten Eier, die Katzen fingen Mäuse, der Hund passte gut auf. Jeder brauchte die Tiere, aber niemand liebte sie so sehr wie Prinzessin Clarita. Jeden Morgen, wenn sie aufwachte, streichelte sie als Erstes die Hasenfamilie, die in ihrem Zimmer wohnte. Gleich nach dem Frühstück spielte sie mit den Ziegen im Burghof Verstecken. Und so ging es weiter bis zum Abend. Da konnte Clarita nicht ins Bett gehen, ohne vorher ihre Lieblingskuh zwischen den Ohren zu kraulen.

Eines Tages geschah es, dass ein Fuchs über das Burggelände lief. Clarita entdeckte ihn und dachte, dass er sich bestimmt verlaufen hatte. Sie wollte ihm den Weg zum Burgtor zeigen und lief ihm hinterher.

Als Romi ihre Schwester sah, wollte sie ihr helfen. Aber sie konnte sie nicht einholen, denn Clarita war schnell, weil der Fuchs schnell war. Pina übte gerade im alten Lindenbaum klettern. Sie rief: »Wo wollt ihr hin?«
»Hinter dem Fuchs her!«, antwortete Clarita atemlos. »Ich helfe ihm!«
»Und ich hinter Clarita her!«, rief Romi.
Pina sprang vom Baum. »Ich helfe euch!« Und sie rannte den beiden nach.
Nun entdeckte der Fuchs die Treppe zur Burgmauer. Er flitzte sie sofort hoch, die Mädchen hinterher. Die Burgmauer war breit, es konnten bequem Menschen auf ihr herumlaufen.

»Schaut mal, die Prinzessinnen!«, riefen die Leute auf dem Markt. Sie zeigten auf die vier Gestalten, die hintereinander her über die Mauer rannten.

Clarita rannte schneller und schneller – bis es ihr gelang, den Fuchs zu überholen. Nun war sie die Erste. Sie rief: »Komm mit, Fuchs!«

Dann lief sie die Treppe der Burgmauer hinunter, der Fuchs und die Schwestern folgten. Sie lief über den Burghof bis zum Burgtor. Schnaufend blieb sie stehen. »So. Hier ist der Ausgang.«

Aber der Fuchs sprang keinesfalls auf die grünen Wiesen des Gelben Bergs hinaus. Stattdessen setzte er sich hin.

»Was willst du denn?«, fragten die Prinzessinnen.

Als der Fuchs sie nur mit ratlosen braunen Augen ansah, beschloss Clarita, ihre Mütze zu holen. »Passt ihr solange auf ihn auf«, sagte sie.

Sie lief in ihr Burgzimmer und holte die Fellmütze, die der bunte Vogel ihr gegeben hatte. Das nämlich war eine Zaubermütze, mit der sie die Sprache der Tiere sprechen konnte. Clarita trug die Mütze auf dem Kopf und setzte sich zum Fuchs. »Was rennst du so herum?«, fragte sie ihn.

»Ich suche meine Frau«, antwortete der Fuchs. »Sie ist weggerannt, um meinen großen Sohn zu suchen. Und der war zur Burg gelaufen, um meinen kleinen Sohn zu suchen.«

So viele verlorene Füchse! Die Prinzessinnen steckten die Köpfe zusammen und überlegten, was man da tun konnte. Dann sagte Clarita zum Fuchspapa: »Ruh du dich erst mal aus.«

Während der Fuchspapa sich unter das Burgtor legte und sich mit seinem buschigen Schwanz zudeckte, machten die Prinzessinnen sich auf die große Suche. Diesmal rannten sie nicht, sondern schauten gründlich in jede Ecke. Pina knöpfte sich den Markt vor. Sie krabbelte unter den Ständen herum und steckte ihren Kopf in die Kartoffelsäcke. Da fand sie schließlich in einer umgedrehten leeren Rübenkiste die Fuchsmama. Romi stieg die drei Türmchen hinauf. Und im letzten Türmchen, auf der letzten Treppenstufe saß ganz still ein kleiner Fuchsjunge. Romi streichelte ihn. Da war er froh und kam gleich mit ihr hinunter.

Was machte Clarita? Sie traute sich in die unterirdischen Gänge. In der Fuchssprache rief sie: »Kleiner, komm!« Es war ganz dunkel und unheimlich. Clarita wollte schnell wieder gehen. Aber da machte es: tip-tip-tap. Aus einer Ecke kam ein süßes rotes Fuchsschnäuzchen zum Vorschein. »Komm, Kleiner!« Clarita nahm den kleinsten Fuchsjungen auf den Arm. Er erzählte ihr, dass er mit einer Nuss gespielt hatte, die in die unterirdischen Gänge gerollt war. Und als er sie suchte, hatte er sich verlaufen.

Clarita trug ihn hinaus zum Burgtor. Dort warteten schon Fuchspapa, Fuchsmama und der Fuchsbruder. Die Freude war sehr groß. Besonders freute sich der kleinste Fuchs, aber der war auch ein bisschen frech. Als Mama und Papa nach Hause gehen wollten, rief er: »Fangt mich doch!« Und schon rannte er los.

Die Leute im Burghof zeigten hoch zur Burgmauer und lachten. »Diese Prinzessinnen schon wieder!«, sagten sie. Oben auf der Burgmauer rannte ein kleiner Fuchs voran. Dicht auf den Fersen folgte ihm ein etwas größerer Fuchs, dann ein noch größerer und ein noch größerer, der Papa. Gleich hinter dem Papa kam Clarita dahergesaust, hinter ihr Romi und am Ende Pina. Die Prinzessinnen winkten zu den Leuten hinunter und der kleinste Fuchs hatte so viel Spaß, dass er wild mit dem buschigen roten Schwanz wedelte und noch einmal rund um die Burg rannte.

Romis Schnürsenkel-Erfindung

Eines Tages wollte Prinzessin Romi am Stand ihrer Mutter Annemie eine gebratene Banane essen. Doch als sie auf den Markt kam, sah sie schon von Weitem, dass eine große Menschenmenge versammelt war. Die Leute drängten sich um den Bananenstand und den Vogelstand, der direkt daneben war.

»Ottokar und Annemie!«, riefen sie. »Ihr müsst uns helfen.«

Seitdem Ottokar und Annemie die Burg gebaut hatten, war es nämlich so, dass die Leute mit all ihren Problemen immer zu ihnen kamen. Es hätte ja sein können, dass Ottokar wieder einen schlauen Vogel hatte, der ihnen Ratschläge geben konnte.

Als Romi fragte, was denn heute los war, da zeigten die Leute auf ihre Füße. »Guck mal, wie das schlabbert!«

Sie hoben die Füße und wackelten mit ihren Schuhen.
»Wir brauchen neue Schnürsenkel, aber der Schnürsenkelmacher ist krank«, erklärten die Leute.
In dem Moment wurde Romi aus Versehen von einer Frau geschubst. »Entschuldigung«, sagte die Frau. »Ich bin gestolpert.« Und sie zeigte auf ihre offenen Schuhe.
»So geht das nicht weiter!«, rief Annemie. Sie packte zwei Hände voll mit bewährten Heilkräutern und verrührte sie mit gebratenen Bananen. »Der Schnürsenkelmacher muss auf der Stelle gesund werden.«
Das fanden die Leute gut. Sie nahmen die Schüssel mit der Medizin. Jemand wollte noch eine Wärmflasche holen und ein anderer eine Kanne Tee kochen. So rannten sie alle auf einmal los.
»Stopp!«, rief Romi. Aber es war zu spät. Die Leute stolperten über ihre Füße und schwankten und torkelten gegeneinander und durcheinander, dass es das reinste Tohuwabohu war.
Zum Glück hatte Ottokar eine rettende Idee. Er stellte

sich mitten in das Chaos wie ein Verkehrspolizist. Dort hob er seine Arme und rief laut: »Alle, die nach links wollen – jetzt losgehen!« Eifrig winkte er die Leute mal nach links, mal nach rechts. Wenn jemand aus der Reihe tanzte, pfiff er durch die Zähne.

Romi schaute zu und schüttelte den Kopf. Die Leute fielen nun zwar nicht mehr durcheinander, aber sie kamen doch kaum vorwärts, weil sie nur schlurfen konnten.

Es wurde Zeit für eine Erfindung. Romi liebte Erfindungen. Sie holte ihren kleinen Hammer, den sie vom bunten Vogel bekommen hatte und der ein Zauberhammer war. Zum Glück waren ihre eigenen Schnürsenkel noch in Ordnung, sodass sie auch schnell durch das Burgtor hinauslaufen konnte auf die Wiesen des Gelben Berges. Sie suchte lange Grashalme und pflückte sie, denn Romi dachte: Wenn etwas so ähnlich aussieht wie Schnürsenkel, dann sind es Grashalme.

Mit den besten und längsten Grashalmen kam sie zurück in die Burg. Fast wäre sie mit einem Jungen zusammengestoßen, der nicht ausweichen konnte, weil seine Schuhe schlabberten. »Warte mal kurz«, sagte Romi. Sie kniete sich auf den Boden und fädelte vorsichtig einen Grashalm durch die Ösen des Schuhs.

»Meinst du, das hält?«, fragte der Junge. Er konnte es sich nicht vorstellen, aber er wusste ja auch, dass Romi eine Prinzessin war und dass Prinzessinnen zaubern konnten.

Vorsichtig machte Romi eine Schleife in den Grashalm. Dann schlug sie dreimal ganz sachte mit dem Zauberhammer auf den Schuh. Und was geschah? Der Junge drehte seinen Fuß, der Grashalm hielt. Der Junge sprang auf und ab, rannte hin und her und der Grashalm hielt immer noch.

Schnell wurde Romis Grashalm-Schnürsenkel-Erfindung berühmt. Die Leute kamen und ließen ihre Schuhe reparieren. Und weil sie wieder so gut laufen konnten, gingen die Leute oft zum Schnürsenkelmacher, um ihm Bananenbrei mit Medizin zu bringen und ihn aufzumuntern.

Das ging so drei Tage lang. Doch am dritten Tag bekamen die Grashalme Risse. Langsam gingen die ersten Schuhe auf und schlabberten wieder an den Füßen.

Romi saß gerade vor dem Stand ihrer Mutter und aß eine frisch gegrillte Banane. »Prinzessin Romi!«, riefen die Leute und rannten dabei fast den Stand um. »Du musst uns helfen! Wir brauchen neue Grashalme!«
Romi lachte. »Nehmt doch lieber richtige Schnürsenkel«, sagte sie und zeigte auf den Mann, der neben ihr saß und ebenfalls eine Banane aß.
Der Mann wischte sich den Mund ab und stand auf. Er war nämlich wieder ganz gesund und machte sich nun auf den Weg in seine Werkstatt. Er war der Schnürsenkelmacher und es gab viel zu tun.

Ziege Gertie wünscht sich was

Als Clarita eines Tages über den Burghof ging, stellte sich ihr die Ziege Gertie in den Weg. Clarita streichelte Gertie und wollte weitergehen. Aber Gertie schnappte mit ihren Zähnen einen Zipfel ihrer Bluse und hielt die Prinzessin damit fest. »Was ist, Gertie?«, fragte Clarita. Gertie machte: »Mähähä!«

Da aber Clarita ihre Fellmütze nicht aufhatte, konnte sie nicht verstehen, was Gertie meinte. Die Ziege war sehr ungeduldig. Sie stupste Clarita in die Seite und klopfte mit ihrem Huf auf den Boden.

»Also gut, warte hier«, sagte Clarita. »Ich komme gleich wieder.« Sie lief zum Turmzimmer, um ihre Mütze zu holen, die der bunte Vogel ihr gegeben hatte und die eine Zaubermütze war.

Während Clarita weg war, kam Pina in den Hof. »He, Ziege!«, rief sie, als sie Gertie sah.

»Mähähä!«, war die Antwort.

Gertie stupste Pina in den Rücken. Pina stolperte und musste lachen. »Was ist denn mit dir los?« Es war nicht zu übersehen, dass die Ziege irgendetwas ganz dringend wollte. »Hast du Hunger, hast du Durst?«, fragte Pina. Aber das Meckern, das sie zur Antwort bekam, konnte sie nicht verstehen.

»Pass auf, ich zaubere dir was«, schlug die Prinzessin vor. »Vielleicht gefällt es dir ja.« Pina wusste nie, was dabei herauskam, wenn sie mit ihrem Armreif zauberte. Sie hoffte, dass es diesmal ein großer Kübel Heu wäre, für den Fall, dass Gertie Hunger hatte. Doch als sie an dem Armreif drehte, den der bunte Vogel ihr gegeben hatte, die Augen schloss und sie dann wieder öffnete, trug Gertie einen Kopfschmuck!

Ein schöner Kranz aus weißen und roten Rosen steckte zwischen ihren Hörnern.

»Was machst du da?«, rief Clarita, die zurück in den Burghof kam und verärgert auf die geschmückte Ziege zeigte. Sie fand es gar nicht gut, dass Pina so einen Quatsch machte mit dem armen Tier.

»Wieso Quatsch? Gertie freut sich über den Kopfschmuck!«, entgegnete Pina.

»Aber *ich* helfe ihr schon! Du kannst jetzt wieder gehen.« Clarita konnte es nicht leiden, wenn eine ihrer Schwestern sich in ihre Angelegenheiten einmischte.

Aber nun wurde Pina sauer. »Ach so?«, schimpfte sie. »Ist das *deine* Ziege? Seit wann gehören alle Tiere dir? Jeder darf ihnen helfen.«

»Nein! Gertie hat mich zuerst gefragt. Ich kenne mich auch *viel* besser aus mit den Tieren!«

So stritten die beiden Schwestern sich weiter, bis Gertie ganz laut dazwischenschrie: »Mähä!«

Pina schaute Gertie fragend an. »Hol doch mal deine Mütze«, sagte sie zu Clarita. »Damit wir endlich verstehen, was sie will.« Aber Clarita musste zugeben, dass sie ihre Mütze nicht hatte finden können.

»Dann ist die Sache entschieden«, beschloss Pina. »*Ich* helfe ihr.« Noch bevor Clarita etwas dagegen unternehmen konnte, drehte sie an ihrem Armreif.

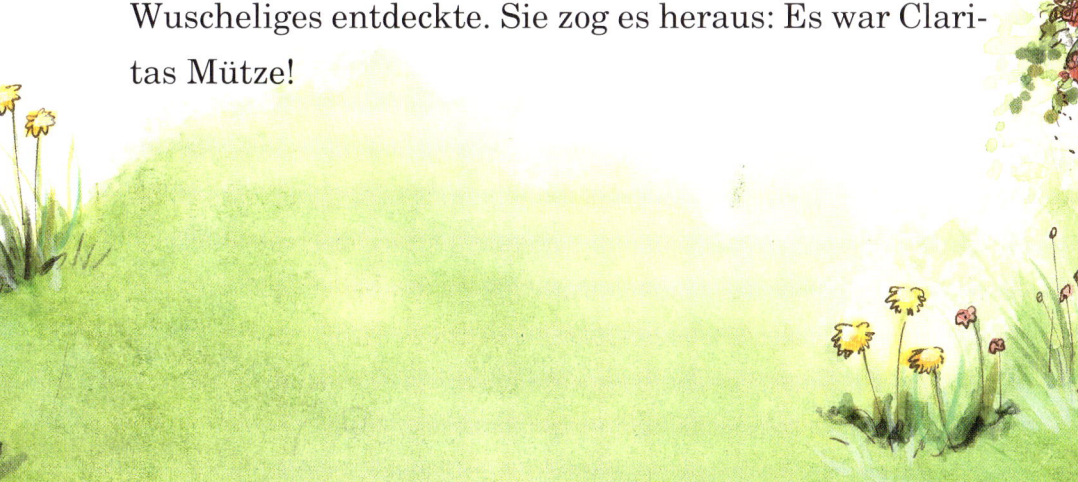

Und was geschah? Gertie war nicht mehr da, wo sie vor einer Sekunde gestanden hatte. Erschrocken schauten die Prinzessinnen sich um.

»Mäh.« Aus dem Fenster der Burgküche ragte ein Ziegenkopf heraus, der einen Rosenkranz trug.

»Gertie!«, riefen Clarita und Pina und sie rannten schnell in die Burgküche. Dort war der Koch bereits dabei, die Ziege wieder hinauszuschieben. Pina wollte ihm helfen, als sie zwischen den Milchflaschen etwas Wuscheliges entdeckte. Sie zog es heraus: Es war Claritas Mütze!

»Ach ja!« Jetzt fiel es Clarita wieder ein. »Vorgestern hatten die Kaninchen Lust auf Chicorée. Da haben sie mich in die Küche geschickt, und weil ich so viel tragen musste, habe ich die Mütze hier abgelegt . . .«

»Ist doch jetzt egal«, unterbrach Pina sie. Kurzerhand drückte sie ihrer Schwester die Mütze auf den Kopf. Und endlich, endlich konnte Clarita verstehen, was Gerties Meckern zu bedeuten hatte.

»Wir Ziegen wollen Nüsse essen, aber sie hängen zu hoch im Baum«, übersetzte Clarita.

Pina lachte. Und der Koch war froh, als die Mädchen mit der Ziege aus seiner Küche herausrannten. Sie liefen gleich zur Wiese mit den Nussbäumen, wo die anderen Ziegen sie bereits erwarteten. Schnell kletterte Pina auf den Haselnussbaum. Sie pflückte Nüsse und warf sie hinunter zu ihrer Schwester. Clarita verteilte die Nüsse unter den Ziegen. Die waren gerade dabei, an den Rosenblättern von Gerties Kopfschmuck zu knabbern.

»Mäh«, sagte Gertie schmatzend.

»Was sagt sie?«, fragte Pina von oben im Baum. Und Clarita übersetzte: »Es schmeckt ihnen gut!«

Die Zauber-Einschlafdecke

Prinzessin Romi schaute aus dem Turmzimmer in den Burghof hinunter. Da sah sie Annemie, die gerade zwei große Körbe auf den Rücken des Esels packte. »Mama geht weg!«, rief Romi.

Schnell rannte sie die Treppen hinunter, über den Burghof, bis zu ihrer Mutter. Clarita und Pina folgten ihr. Alle drei Prinzessinnen drückten ihre Mama, bis sie sich nicht mehr bewegen konnte.

»Aber meine Kleinen«, sagte Annemie und beugte sich zu den Mädchen hinunter. »Ich brauche doch neue Bananen. Sonst kann ich sie nicht grillen und auf dem Markt verkaufen.«

Ottokar kam dazu. Er gab Annemie eine Flasche Erdbeersaft für den Weg und strubbelte Romis Haare. »Ich bin doch auch noch da.«

Das stimmte. Aber wenn Annemie Bananen holte, dann war sie immer gleich drei Tage am Stück weg und an den Abenden dieser Tage konnten die Prinzessinnen lange, lange nicht einschlafen.

Als alles fertig gepackt war und Annemie aufbrechen wollte, hätten die Prinzessinnen fast geweint. Jede bekam einen Kuss von ihrer Mama. Dann führte Annemie den Esel durch das Burgtor hinaus. Die Prinzessinnen winkten und Annemie drehte sich alle zwei Minuten um, um zurückzuwinken. So lange, bis die drei Schwestern sie gar nicht mehr sehen konnten.

An dem Tag waren die Prinzessinnen traurig. Sie streichelten die Burgkatze, die um ihre Beine strich und schnurrte, um sie zu trösten. Abends erzählte Ottokar ihnen eine Geschichte. Er kannte die besten Geschichten und es war wirklich sehr spannend. Aber als er danach das Licht ausmachte und die Prinzessinnen alleine in ihren Betten im Turmzimmer lagen, da konnten sie lange, lange nicht einschlafen.

So waren sie am nächsten Tag müde und es fielen ihnen überhaupt keine Spiele ein. Sie saßen einfach nur im Turmzimmer und hofften, dass die Zeit schnell vorbei-

gehen möge, damit ihre Mama wiederkäme. Am Nachmittag wurde es Romi zu dumm.

Sie stand auf, nahm ihren kleinen Hammer und sagte: »Ich erfinde etwas.«

Dabei war es gar nicht so leicht, die richtige Idee zu haben. Romi überlegte, was sie wohl am dringendsten brauchten. Eine *Mama-Zurückbring-Maschine?* Eine *Es-sind-schon-drei-Tage-vorbei-Maschine?* Das war alles zu schwer. Schließlich entschied Romi sich, eine *Einschlaf-Maschine* zu erfinden.

Dazu sammelte sie erst mal alle Dinge, die einem beim Einschlafen helfen. Romi ging zu den Feldern mit den gelben Blumen und pflückte einen großen Strauß, denn die gelben Blumen dufteten ganz wunderbar und das konnte beim Einschlafen helfen. Dann holte sie Moos, nur das weichste. Es war so flauschig, dass sie mit ihren Fingern immer wieder darüberstreichen musste. Zuletzt ging sie zum Schäfer. Der war gerade dabei, den Schafen das Fell zu scheren. Romi durfte ganz viel von der Schafswolle mitnehmen. Denn die wärmt und Wärme ist sehr gut, wenn man einschlafen möchte.

All die Sachen steckte Romi in den großen Mehlsack. Dann nahm sie ihren kleinen Hammer, den der bunte Vogel ihr gegeben hatte und der ein Zauberhammer war. Anstatt den Sack zuzunähen oder zuzuknöpfen, schlug sie mit dem Hammer auf den Stoff. Schon war aus dem alten Mehlsack eine wundersame Zauberdecke geworden. Als es Abend geworden war, legten sich Romi, Clarita und Pina alle zusammen in ein Bett, damit sie gemeinsam unter die Decke passten. Ottokar breitete sie über ihnen aus. Er sagte: »Gute Nacht, meine Prinzessinnen!« Aber er bekam keine Antwort, denn die drei Schwestern schliefen bereits.

Am nächsten Tag machten die Prinzessinnen Quatsch mit ihrer Decke. Jeden, den sie auf der Burg trafen, fragten sie: »Dürfen wir dich mal zudecken?« Und wenn die Leute im nächsten Moment eingeschlafen waren, mussten die Mädchen lachen.

So wurde es ganz schnell Abend und Nacht und dann wieder Tag, und als die Sonne am höchsten stand, hörten sie von Weitem das Rufen des Esels.

»Mama!« Die drei Prinzessinnen liefen zum Burgtor hinaus und den Berg hinunter, ihrer Mama entgegen. Sie drückten und küssten sie und begleiteten sie zurück zur Burg hinauf.

Im Burghof nahm Ottokar dem Esel die schweren, vollgepackten Körbe ab. »Ich habe viele Bananen gefunden«, sagte Annemie. »Aber jetzt bin ich müde.« Erschöpft legte sie sich auf die Bank unter dem Lindenbaum. Da holten die Prinzessinnen schnell ihre Decke. »Schlaf doch ein bisschen«, sagten sie. Und sie deckten Annemie zu und waren ganz leise, weil ihre Mama bereits schön träumte.

Das große Burgfest

Jedes Jahr im Frühling gab es in der Burg ein großes Fest, wenn die gelben Blumen wieder zu blühen anfingen. Den Prinzessinnen fiel auf dem Fest die wichtigste Aufgabe zu: Sie durften den Tanz einleiten. Sobald die Leute sich die Bäuche vollgeschlagen hatten, spielte die Musikkapelle einen Tusch. Dazu öffnete sich feierlich die Tür zum Turmzimmer und herausgeschritten kamen die wunderschönen drei Prinzessinnen. Die Leute riefen: »Ah!«, und: »Oh, wie schön sie sind!«

Erst tanzten die Schwestern einen Tanz alleine, bevor alle Leute auf die Tanzfläche stürmen durften.

Eines Tages, es war noch eine Woche bis zum Fest und die Prinzessinnen probierten gerade ihre Kleider an, da hatte Prinzessin Pina eine Idee. Warum sollte sie nicht mal etwas anderes machen, etwas Besonderes? Sie war es leid, immer genau das gleiche Kleid zu tragen wie ihre Schwestern. Also schlich sie sich davon, versteckte sich im Taubenschlag und drehte dort an ihrem Armreif, der ein Zauberarmreif war. Und was geschah? Von einem Moment auf den anderen war der Boden übersät mit bunten Glasperlen. »Juchhu!«, rief Pina vor Freude. Sie warf die Perlen in die Luft, sodass sie klickernd zurückfielen. Dann machte sie sich gleich daran, ihr Kleid mit ihnen zu schmücken.

Ihren Schwestern erzählte Pina nichts davon, weil sie wollte, dass ihr funkelnder Perlenauftritt eine Überraschung werden sollte. Doch zufällig hatte Prinzessin Clarita am nächsten Tag ihre Zaubermütze auf, als eine der Tauben sich zu ihr auf die Burgmauer setzte. »Hast du

schon gehört?«, fragte die Taube in der Tiersprache, die Clarita gut verstehen konnte. »Pina hat dieses Jahr ein viel schöneres Kleid.« – »Was?«, rief Clarita empört. »Da schauen beim Tanz auf dem Fest ja alle nur auf Pina!« Und Clarita bekam sehr große Lust, diesmal auch etwas ganz Besonderes zu machen. Heimlich ging sie in den Wald. Sie suchte die Vögel, die Nachtigall und den Star und bat sie, ihr das Singen beizubringen. Clarita musste viel üben, aber es machte ihr Spaß und der Specht klopfte den Takt dazu.

Da wollte es der Zufall, dass Romi im Wald spazieren

ging. Hinter einem Busch versteckt beobachtete sie unbemerkt ihre Schwester. Romi fand den Gesang sehr schön. Aber bald verstand sie, dass Clarita für das Fest übte. Sie wollte wohl nicht nur tanzen, sondern auch noch dazu singen! Das fand Romi gemein, alle Leute würden nur auf Clarita schauen. Und sie bekam große Lust, diesmal auch etwas ganz Besonderes zu machen.

Romi holte ihren kleinen Hammer, der ein Zauberhammer war. Sie dachte: Wenn Clarita schön singt, dann werde ich eben schön tanzen.« Romi nahm ihre Tanzschuhe, zog sie an, band sie zu und klopfte mit ihrem Hammer ganz sachte darauf. Als die Prinzessin dann mit ihnen zu tanzen übte, waren es Wirbeltanzschuhe geworden! Sie ließen Romi über das Parkett sausen, durch die Luft fliegen und so schnell steppen, dass ihr schwindelig wurde. »Jippie!«, rief Romi.

So verbrachten die drei Schwestern die letzte Woche vor dem Fest mit ihren ganz geheimen Vorbereitungen. Schließlich kam der große Tag und da waren sie so aufgeregt wie noch nie. Erst mussten sie warten, bis die Leute sich endlich ihre Bäuche vollgeschlagen hatten. Dann schlichen sie sich davon. Heimlich zog Pina ihr Kleid und Romi die Schuhe an, Clarita wärmte ihre Stimme auf. Sie warteten auf das Zeichen.

»Tamtatataa!« Da war der Tusch! Die Tür zum Turmzimmer ging auf, die Prinzessinnen schritten heraus und die Leute riefen: »Aah!«, und: »Ooh! Schaut euch das Kleid von Pina an!«

Clarita merkte sehr wohl, dass niemand einen Blick für sie oder ihre Schwester Romi übrig hatte. Alle beachteten nur das bunte Perlenkleid. Da räusperte sich Clarita und begann zu singen. Glockenhell ertönte ihre Stimme zur Musik der Kapelle. »Aah!« und »Ooh!« riefen die Leute. »Hört mal, wie Clarita singt!«

Nach einer Weile wurde Romi das zu blöd und sie klopfte mit dem Hammer auf ihre Schuhe. Da ging es aber los. »Aah!« und »Ooh!« riefen die Leute, die Platz machen mussten, wenn die Prinzessin angewirbelt kam. »Guckt mal, wie Romi tanzen kann!«

Das war ein Auftritt, den niemand vergessen sollte. Und am Ende gab es so viel Applaus, dass sogar die Burg ein wenig wackelte. Die drei Prinzessinnen verbeugten sich acht Mal. Den Rest des Festes tanzten alle Leute zusammen. Pina fand, dass ihr Kleid bei Claritas Gesang noch schöner glänzte. Romis Drehungen brachten Clarita auf neue Ideen für ihre Lieder. Und Romi brauchte nur Pinas Kleid anzusehen, denn der Glanz der Perlen gab ihr die Kraft, noch viel höher zu springen.

Wo bleibt die Post?

Eines Tages kam auf der Burg keine Post an. Die Leute wunderten sich, denn sonst war der Briefträger pünktlich jeden Tag auf seinem Pferd den Berg heraufgeritten gekommen. Nun standen die Leute ungeduldig am Burgtor und sahen sich ratlos an.

»Wo bleibt der nur? Ich warte auf einen Brief von meinem Enkelsohn«, sagte ein alter Mann. Und eine Frau neben ihm erzählte von einem Päckchen, das sie von ihrer Schwester bekommen sollte mit achtundzwanzig verschiedenen Plätzchen darin.

Die drei Prinzessinnen stiegen auf die Burgmauer. Nacheinander schauten sie durch Romis Fernglas, aber den Briefträger konnte keine entdecken. »Wir gehen ihm entgegen«, beschloss Clarita.

Kurz darauf liefen die Prinzessinnen die Wiese mit den

gelben Blumen hinunter. In ihren Taschen hatten sie ihre Zauberdinge, die ihnen der bunte Vogel gegeben hatte und die ihnen schon oft in der Not geholfen hatten. Erst ging es ein Stück an den Rübenfeldern entlang, an der Schafsweide vorbei und zwischen den Kirschbäumen hindurch. Von dem Briefträger war weit und breit keine Spur. Hinter den Brombeerbüschen führte der Weg in einem großen Bogen zum Bach, den man schon plätschern hören konnte. »Pst!«, machte Clarita, denn sie hatte außer dem Plätschern noch etwas anderes gehört.

»Hüa, hüa!« Das war die Stimme des Briefträgers! Die Mädchen liefen ihr nach und entdeckten bald den Briefträger am anderen Ufer des Baches, der mit beiden Händen an den Zügeln seines Pferdes zog. »Es traut sich nicht hinüber!«, erklärte er den Mädchen. »Der Bach hat heute so hohes Wasser.«

Clarita packte gleich ihre Mütze aus, mit der sie die Sprache der Tiere verstehen konnte, und redete mit dem Pferd. »Es hat Angst, vom Wasser mitgerissen zu werden und umzukippen«, übersetzte sie für die anderen.

Der Briefträger seufzte ratlos. Doch Pina hatte eine tolle Idee: »Wir brauchen eine Brücke!«, rief sie und zog ihren Armreif über.

Ihr Armreif zauberte stets wundersame Dinge, doch man wusste vorher nie, was herauskommen würde. Gespannt schloss Pina ihre Augen, drehte am Armreif und machte die Augen schnell wieder auf. Vor ihr stand keine Brücke, sondern ein Sofa.

Allerdings war das Sofa sehr gemütlich. Die drei Prinzessinnen setzten sich darauf und schauten dem Wasser zu, das rauschend durch den Bach wirbelte.

»Was soll ich denn jetzt machen?«, rief der Briefträger zu ihnen herüber.

Romi stand auf. »Holz holen«, sagte sie. »Wir müssen die Brücke selber bauen.« Clarita und Pina halfen, dicke

Äste zu sammeln. Die legten sie quer über den Bach, die Mädchen von der einen Seite aus, der Briefträger von der anderen.

Dann nahm Romi ihren Zauberhammer, bei dem man niemals Nägel brauchte. Klopf, klopf, klopf! Romi schlug auf jeden Ast. Und bald darauf gab es einen schönen breiten Steg, über den der Briefträger einmal hin- und wieder zurücklief. »Es hält!«, rief er begeistert.

Clarita sagte dem Pferd, dass es nun keine Angst mehr haben musste. Da ließ das Pferd sich geduldig vom Briefträger über den Steg führen. Als sie bei den Prinzessinnen angekommen waren, gab es ein großes Hallo. Das Pferd wurde gründlich gestreichelt und bekam Blumen zu essen, während der Briefträger sich auf dem Sofa ein bisschen ausruhte.

Doch dann dachten sie an die Leute, die immer noch auf ihre Post warteten, und sie machten sich alle zusammen auf den Weg den Berg hinauf. Jeder bekam seinen Brief an diesem Tag. Und die Frau, die ein Paket von ihrer Schwester erhielt, machte es gleich auf. Es waren wirklich achtundzwanzig verschiedene Plätzchen darin. Die Prinzessinnen und der Briefträger durften als Erste probieren. Und das Pferd, das bekam einen Haferkeks.

Die Jagd nach der Krone

Eines Tages schaute Pina in den Spiegel. Sie sah sehr schön aus mit ihren langen Haaren und dem dunkelrosa Kleid, auf das glitzernde Perlen genäht waren. Trotzdem war Pina nicht zufrieden. Sie fand, dass etwas fehlte.
»Ich sehe aus wie ein Mädchen«, sagte sie zu ihrem Spiegelbild. »Aber dabei bin ich doch eine Prinzessin.« Sie drehte an ihrem Armreif, den sie vom bunten Vogel bekommen hatte und der ein Zauberarmreif war. Dabei schloss Pina die Augen.
Als sie sie wieder öffnete, glaubte sie kaum, was sie da im Spiegel sah: eine kleine Jägerin! Pina trug einen grünen Anzug, auf dem Kopf ein grünes Hütchen und um ihre Schultern hing ein Jagdhorn. »Taraa!« Sie blies in das Jagdhorn. Gleich kamen ihre Schwestern angelaufen. Pina nahm ratlos ihren Hut ab. »Ich wollte eigent-

lich eine Prinzessinnenkrone herbeizaubern«, erklärte sie.

»Nun bist du eine Jägerin!«, lachte Clarita.

Und Romi fügte hinzu: »Da musst du auf die Jagd gehen.«

So liefen die drei Prinzessinnen zum richtigen Jäger und baten ihn, sie mit auf die Jagd zu nehmen. Sie folgten ihm aus der Burg hinaus, über gelbe Blumenfelder bis zum Waldrand. Dort stieg der Jäger auf einen Hochsitz. Er sagte: »Pst! Wir müssen leise sein, damit die Wildschweine kommen.«

Die drei Prinzessinnen setzten sich zu ihm auf die Stufen der Leiter. Nach einer Weile kamen Wildschweine, die grunzten und fraßen und sich in einer Schlammpfütze wälzten. Pina sah ihnen zu. Sie dachte an andere Prinzessinnen, die mit goldenen Kugeln spielten oder auf Bällen tanzten. Nun fand sie die grunzenden Wildschweine richtig blöd und sie drehte an ihrem Armreif. Als sie die Augen wieder öffnete, hatten sich die Wildschweine verwandelt: Am Waldrand standen drei süße Ponys und ein großes braunes Pferd!

»Was für ein prächtiger Gaul!«, rief der Jäger und bewunderte das Pferd. Die Prinzessinnen kletterten flink vom Hochsitz herunter. Sie streichelten die Ponys, die ganz weiche Mähnen hatten.

»Steigt auf!«, sagte der Jäger. »Wir reiten durch den Wald.«

Als die Mädchen auf den Rücken der weichen Ponys saßen, ging es los. Der Jäger führte den Reitertrupp durch den Wald. Immer wieder zeigte er auf Pflanzen oder Tiere und erklärte, wie sie hießen. Clarita fand das toll. Pina fand ihr Pony auch toll, aber sie dachte daran, dass andere Prinzessinnen auf ihren Ponys zu Prinzen ritten und dass dabei ihre glitzernden Gewänder funkelten. Nun mussten sie auch noch warten, weil Clarita sich mit einem Borkenkäfer unterhielt. »Mir ist langweilig!«, rief Pina.

Wieder drehte sie an ihrem Armreif und da passierte plötzlich etwas ganz Gewaltiges. Es rumste so heftig, dass sogar die Erde wackelte. Im gleichen Augenblick stand vor den Prinzessinnen ein Felsenberg. Der Jäger sprang von seinem Pferd und untersuchte den Berg. »Wir müssen über ihn hinüberklettern«, stellte er fest. »Sonst kommen wir nicht mehr zurück zur Burg.«

»Oh nein!«, stöhnten Romi und Clarita. Sie mochten Klettern nicht gerne. Pina sagte nichts. Sie musterte den Berg ganz genau und überlegte schon, an welchen Ecken sie sich gut würde hochziehen können. Dann stieg sie von ihrem Pony und befühlte den Felsen. Klettern war nämlich fast Pinas Lieblingsspiel.

Es ging schnell. Zwei Minuten später war Pina schon hoch oben und winkte den anderen mit ihrem grünen Hut. Der Jäger und die Schwestern folgten mühsam. Romi und Clarita wunderten sich über den Berg. Normalerweise passierten lustige Dinge, wenn Pina an ihrem Armreif drehte. Aber was war lustig an diesem dicken Brocken, über den man kaum hinüberkam?
»Taraa!« Das Jagdhorn unterbrach ihre Gedanken. »Kommt schnell«, rief Pina von oben. »Ich habe eine Höhle entdeckt!«
Das war aufregend. Pina stand vor einem echten Höhleneingang. Vorsichtig krabbelte sie hinein. Ein paar

einzelne Sonnenstrahlen fielen in die Höhle, an der Decke schliefen Fledermäuse. Pina tastete sich voran. »Au!« Da hatte sie sich den Fuß gestoßen. An etwas Eckigem. Was mochte das denn sein? Pina zog es heraus aus der Höhle. Und da sah sie, dass es tatsächlich eine echte Schatzkiste war.

»Wahnsinn!«, riefen Clarita und Romi, die gerade angeklettert kamen. Langsam öffneten sie alle zusammen die Schatzkiste.

Genau drei kleine Krönchen lagen in der Kiste. Sie waren golden und sehr alt. »Die müssen schon Hunderte von Jahren in der Höhle gelegen haben«, sagte der Jäger. Die Mädchen setzten sie auf ihre Köpfe.

Da sahen sie aber schön aus. Stolz drehte Pina ihren Kopf mit der Krone. »Ich bin die Prinzessin von der Burg des Gelben Berges!«, rief sie. Und das fühlte sich toll an.

Das Prinzessinnen-Theater

Eines Tages wusste die Prinzessin Romi gar nicht, was sie machen sollte. Sie hatte keine Lust, auf ihrem selbst gebauten Wolkentrampolin zu springen. Und als sie mit dem eigens erfundenen Stift mit siebenundvierzig Farben etwas malen wollte, fiel ihr kein Bild ein.

Sie ging auf die Burgwiese, wo ihre Schwester Clarita vor einem schlafenden Schaf saß. »Spielst du was mit mir?«, fragte Romi. »Au ja«, sagte Clarita. Sie nahm ihre Mütze ab, mit der sie die Sprache der Tiere verstehen konnte. »Ich wollte mich mit dem Schaf unterhalten, aber es schläft nur«, erklärte sie. Gemeinsam gingen die beiden Schwestern los.

Im Burghof trafen sie die dritte Prinzessin Pina. Die saß auf einem Ast der alten Linde und ließ ihre Beine baumeln. Als sie hörte, dass die beiden Schwestern etwas

spielen wollten, kletterte sie gleich vom Baum herunter.
»Ich mache mit«, sagte sie. »Mir war gerade sowieso langweilig.«

Nun konnte es losgehen. Aber die drei merkten, dass sie nicht wussten, wo sie hingehen sollten, weil sie gar nicht wussten, was losgehen sollte. Verstecken, Fangen, das hatten sie alles schon tausendmal gespielt.

Verärgert setzten sie sich auf den großen Stein im Burggarten. »Wozu sind wir eigentlich Prinzessinnen?«, schimpfte Clarita.

Und Romi stimmte zu: »Prinzessinnen haben normalerweise ein aufregendes Leben.«

»Denen wird jeder Wunsch erfüllt«, wusste Pina.

Clarita seufzte. »Ich würde mir ja ein spannendes Abenteuer wünschen.« – »Oh ja«, meinte Romi. »Ein lustiges Abenteuer, bei dem man oft lachen muss.« Pina schaute verträumt in den Himmel. »In meinem Abenteuer würde auch ein Prinz vorkommen«, sagte sie. »Wie im Theater.« Auch Clarita und Romi schauten zum Himmel und mussten an das Theater denken. Das hatte es einmal gegeben beim großen Marktfest. Mitten auf dem Markt im Burghof hatte eine Bühne gestanden, auf der der Schäfer, die Gänsemagd und der Bäcker eine Geschichte vorgespielt hatten. Die Geschichte war einfach großartig gewesen: spannend, sehr lustig und sogar mit einem Prinzen!

Plötzlich sprang Pina auf. »Warum machen wir das nicht selbst? Ich könnte im Theater eine verwunschene Prinzessin spielen.«

Clarita war auch begeistert. »Das ist toll! Ich spiele die Hexe mit einem fliegenden Besen.«

»Und ich?«, fragte Romi. »Du bist der Prinz!«, riefen Pina und Clarita.

Sofort machten sie sich an die Arbeit. Sie dachten sich eine Geschichte aus über eine Prinzessin, die von einer Hexe in ein Huhn verzaubert wurde. So traf sie den Prinzen, der das Huhn mit in sein Schloss nahm und gegen mehrere Räuberbanden verteidigen musste. Die Geschichte war toll und es gab auch lustige Momente, zum Beispiel als das Huhn ein Ei legte, über das die Räuber stolperten.

Nun brauchten sie nur noch eine Bühne. Das sollte der Tanzboden sein, der in der Mitte des Marktes stand. Sie stiegen darauf und riefen ganz laut: »Gleich gibt es hier Theater!« Das riefen sie mehrmals und in alle Richtungen. Die Leute hörten es. Sie staunten und erzählten es weiter, bis es bald der ganze Markt wusste. Nach und nach kamen immer mehr Leute zur Bühne. Ein Prinzessinnen-Theater, das wollte sich keiner entgehen lassen!

Als alle dastanden und gespannt zur Bühne schauten, wurden die Mädchen aufgeregt. Aber dann fingen sie einfach an. Clarita sprang mit ihrem Besen herum. Mit einer unheimlichen Stimme verkündete sie den Zauberspruch und fauchte dazu. Pina gackerte laut als aufgeschrecktes Huhn. Und Romi schimpfte mit den Räubern, die sollten es bloß nicht wagen, es mit ihr aufzunehmen.

Das war alles nur gespielt, aber es war so spannend, dass die Leute die Luft anhielten, und so lustig, dass sie sich vor lauter Lachen aneinander festhalten mussten. Als der Prinz und die Prinzessin am Ende heirateten, riefen alle »Ooh!« und klatschten begeistert.

Die Prinzessinnen verbeugten sich in alle Richtungen. Das war ein richtig aufregendes Abenteuer. So aufregend, dass sie vergessen hatten, wie langweilig ihnen eigentlich gewesen war.

Als Pina sauer war

Eines Tages war Prinzessin Pina sauer. Als Clarita und Romi bunte Bänder in die Mähne des Esels flochten, wollte sie nicht mitmachen. Nicht einmal den Stift mit den siebenundvierzig Farben wollte sie sich ausleihen, den Romi ihr anbot.

»Was hast du denn?«, fragte Clarita. Aber Pina antwortete nicht.

Beim Abendessen sprach sie immer noch kein Wort. »Bist du krank?«, fragte ihre Mutter Annemie. Pina schüttelte den Kopf, das war alles.

Am nächsten Tag sagte sie nicht Guten Morgen. Beim Frühstück streckte Romi ihr die Zunge raus und wackelte mit den Ohren. Sie sagte: »Kuckuck! Kuckuck!« Clarita kitzelte sie sogar. Annemie und Ottokar lachten dazu.

»Lasst mich in Ruhe!«, rief Pina. Da waren alle still. Sie fragten sich: Warum bloß ist Pina so sauer? Aber die Prinzessin verriet es nicht.

Als die Familie später auf den Markt ging, um neue Schuhe für Clarita und Romi zu kaufen, kam die älteste Schwester nicht mit. Sie setzte sich ins Turmzimmer. Durchs Fenster konnte sie sehen, wie die anderen alle zusammen davonmarschierten. Pina wünschte sich am liebsten einen Ritterhelm, um ihn über den Kopf zu ziehen. Dann müsste sie niemanden mehr sehen oder hören. Also drehte sie an ihrem Armreif, der ein Zauberarmreif war.

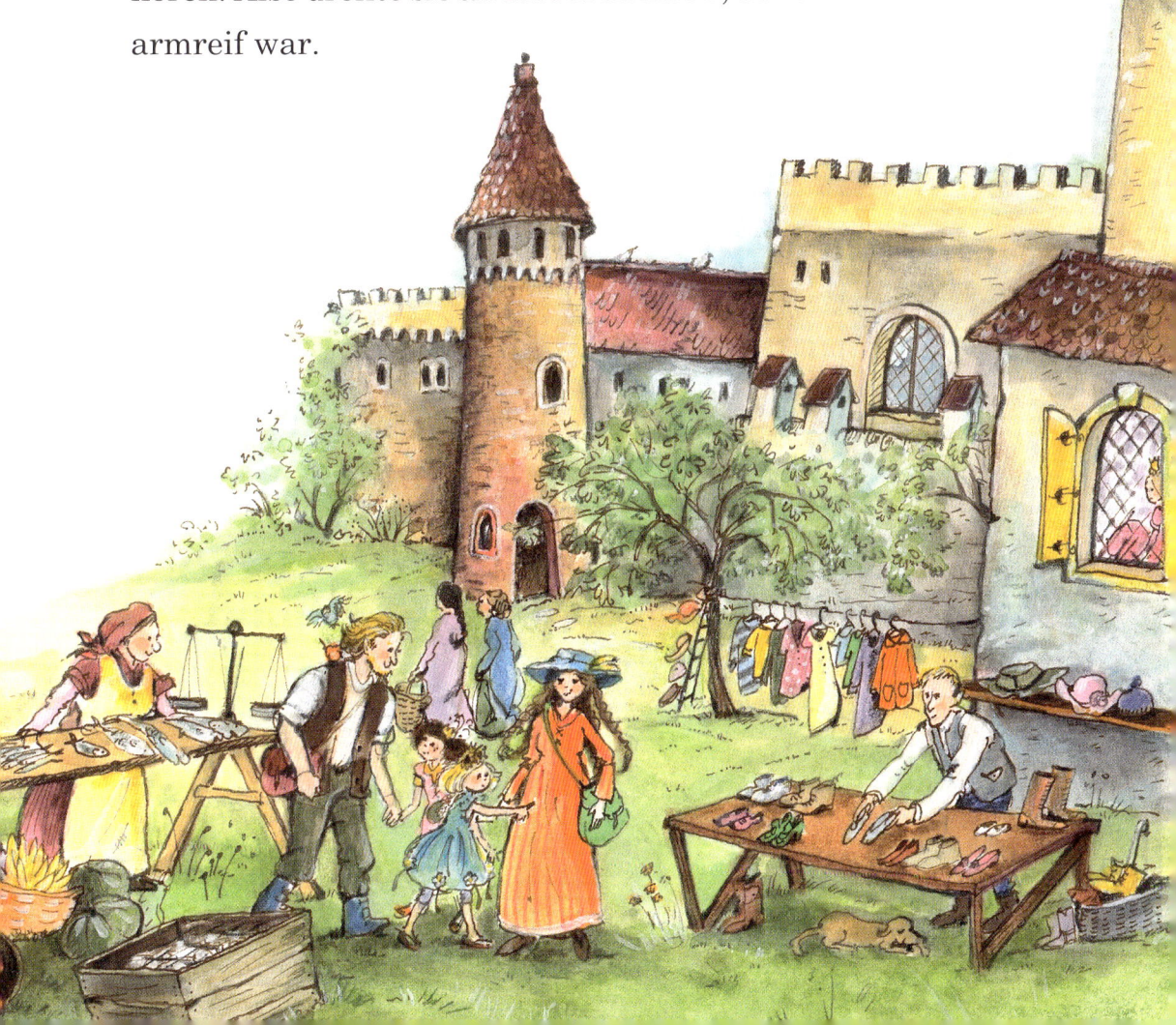

Aber als sie die Augen wieder öffnete, lag vor ihr kein Ritterhelm, sondern ein Kartenspiel. Kann ich nicht gebrauchen, dachte Pina und drehte gleich noch einmal. Zwei Sekunden später kullerten fünf Würfel vor ihre Füße. Das fand die Prinzessin richtig nervig! Was sollte sie mit all diesem Zeug? Ungeduldig drehte sie ein drittes Mal. Und was zauberte der Armreif herbei? Ein Brettspiel. Pina warf die Spiele in die Ecke. Sie schob den Tisch vor die Tür, damit niemand hereinkommen konnte. So setzte sie sich auf den Fußboden und wartete.

Als die anderen vom Einkaufen zurückkamen, rüttelten sie an der Tür. Sie riefen: »Wir haben dir ein Paar Schuhe mitgebracht!« Aber die wollte Pina gar nicht haben. Als das Rütteln an der Tür nicht half, wurde es nach einer Weile ruhig. Jetzt bin ich denen wohl schon ganz egal geworden, dachte Pina.

Doch kurz darauf flog eine Taube durchs offene Fenster ins Turmzimmer. Sie hatte einen kleinen Brief an ihrem Fuß. Auf dem stand: »Warum bist du sauer?« Pina überlegte einen Moment. Sollte man auf so eine blöde Frage überhaupt antworten? Schließlich nahm sie einen Stift und schrieb: »Weil keiner mich mag. Gestern wollten Clarita und Romi ohne mich spielen. Und Mama und Papa lachen nur über mich. Ihr seid bestimmt froh, wenn ich für immer hier im Zimmer bleibe.«

Sie rollte den Zettel zusammen und steckte ihn der Taube an den Fuß. Die Taube flog hinaus und dann passierte nichts mehr. Pina dachte: Da hatte ich wohl recht, jetzt sind sie froh.

Doch nach einer Weile, die ihr ganz lange vorgekommen war, da hörte Pina auf dem Gang hinter der Tür leise Schritte. Und ein Räuspern und Flüstern. Und schließlich viele Stimmen, die ein Lied sangen!

»So groß, groß, groß – wie der Gelbe Berg,
so dick, dick, dick – wie die Mauer der Burg,
so bunt, bunt, bunt – wie der Zaubervogel,
so doll, doll, doll – haben wir dich lieb,
Pina – Pina!
So doll, doll, doll – haben wir dich lieb!«

Pina schob den Tisch weg und öffnete die Tür. Alle standen da: Annemie und Ottokar, Clarita und Romi. Es war so schön und Pina ließ sich von ihnen in den Arm nehmen.

»Wollt ihr mit mir spielen?«, fragte sie. »Ich habe Würfel und Karten und ein neues Brettspiel.« Das wollten die anderen und so verbrachte die versammelte Familie den Rest des Abends auf dem Fußboden des Turmzimmers.

Der lustigste Geburtstag

Eines Tages saßen die drei Prinzessinnen auf den Ästen der alten Linde im Burghof und beobachteten den Markt. So viele Leute liefen dort herum und kauften und verkauften und quatschten miteinander. »Schaut mal, der Mann da drüben!«, sagte Romi. Sie zeigte auf einen Mann beim Kartoffelstand, der mit einem Messer ein Loch in eine Kartoffel schnitt. Dann steckte er sich die Kartoffel auf die Nase.

»Was ist denn mit dem los?«, staunte Pina. Die Kartoffel war schon wieder von der Nase des Mannes abgerutscht. Die Mädchen beobachteten ihn, wie er weiter zum Entenverkäufer ging. Hier blieb er einen Moment vor den Enten stehen, die hin und her watschelten. »Kauft er eine Ente?«, überlegte Clarita. Aber nein, nun watschelte der Mann! Er machte vorsichtig die Schritte der Enten nach, was ziemlich verrückt aussah. Die Mädchen mussten laut lachen.

Plötzlich drehte sich der Mann um. Als er Clarita, Romi und Pina im Baum sitzen sah, kam er gleich zu ihnen gelaufen. »Habt ihr gerade über mich gelacht?«, fragte er aufgeregt.

Das war den Prinzessinnen peinlich. Sie sagten: »Entschuldigung, wir haben das nicht so gemeint . . .«

Aber der Mann unterbrach sie. »War ich etwa lustig? Das ist gut! Das ist sehr gut!« Und weil die Mädchen nun gar nichts mehr verstanden, erklärte er es ihnen. Seine beiden Söhne, die Zwillinge waren, hatten beide am nächsten Tag Geburtstag und sie wünschten sich keine praktischen Dinge wie Ritterrüstungen oder Fußbälle oder Holzmurmeln. Sie hatten sich nur eine Sache gewünscht: einen lustigen Tag, so lustig, dass man von morgens bis abends lachen muss.

»Puh«, sagte Romi. »Das ist aber schwer.«

Der Mann nickte. Bis jetzt hatte er nur die Kartoffel, die er sich auf die Nase stecken wollte. Aber ob seine Söhne darüber stundenlang lachen würden?

Pina kletterte vom Baum. »Wir helfen Ihnen«, sagte sie entschlossen. Und dann schickten die drei Prinzessinnen den Mann nach Hause. Er sollte sich keine Sorgen machen und für seine Söhne einen Kuchen backen. Um

den Rest würden sich die Prinzessinnen höchstpersönlich kümmern.

Sofort begannen sie mit den Vorbereitungen. Clarita setzte ihre Fellmütze auf, mit der sie die Sprache der Tiere verstehen konnte, und übte mit der Ziege Gertie ein Kunststück ein. Romi baute mit ihrem Zauberhammer eine Überraschungs-Wasserspritz-Maschine.

Am nächsten Morgen gingen die drei Prinzessinnen zur Familie mit den Geburtstagszwillingen. Die beiden Jungs, die die Tür öffneten, sahen wirklich genau gleich aus. »Herzlichen Glückwunsch!«, riefen die drei Schwestern. Und schon lachten die Jungs, weil sie es so toll fanden, Besuch von Prinzessinnen zu bekommen.

Dann ging es gleich weiter. Clarita und Gertie machten ihr Kunststück vor. Wenn Clarita sagte: »Gertie, geh rückwärts!«, ging Gertie drei Schritte vorwärts. Wenn Clarita sagte: »Gertie, geh vorwärts!«, dann ging die Ziege rückwärts. Das machten sie immer und immer wieder und immer wieder lachten sich die beiden Geburtstagskinder darüber schlapp.

Als Nächstes war Romis Maschine dran. Sie wurde auf einer Wiese aufgebaut, alle Kinder mussten sich im Kreis darum herumstellen. Plötzlich kam ein Wasserstrahl aus der Maschine geschossen, der einen der Zwillinge nass spritzte. Vor lauter Schreck musste der wie

verrückt kichern. Schon wurde der nächste angespritzt. Auch die Prinzessinnen kriegten was ab und es war sehr spannend, weil man nie wusste, wer als Nächstes drankam.

Nach dem Spiel wollten die Jungs erst mal Kuchen essen, sie brauchten eine Pause. Aber beim Kuchenessen drehte Pina an ihrem Zauberarmreif. Und innerhalb von einer magischen Sekunde trugen alle Kinder, die am Tisch saßen, Seeräuberkleidung! »Wir sind Piraten!«, riefen die Zwillinge begeistert. Als Pina noch einmal drehte, standen auf der Wiese zwei alte Ruderboote.

Den Rest des Tages spielten die Kinder Piraten. Entweder überfielen die Zwillinge das Boot der Prinzessinnen oder die Prinzessinnen überfielen das Boot der Zwillinge. Da konnten die Jungs nicht mehr ständig lachen, weil es viel zu spannend war.

Am Abend kam ihr Vater und sagte: »Ihr müsst aufhören, es wird dunkel.«

»Schade«, sagten die Zwillinge. »Das war heute unser schönster Geburtstag.« Und sie mussten sehr, sehr lachen. Ihr Vater trug nämlich eine Kartoffel auf der Nase.

So ein lautes Glöckchen

Eines Nachts wachte Clarita auf. Mitten im Schlaf hatte sie sich so sehr erschreckt, dass sie schreien musste: »Ah!« Ihre Schwestern wurden davon wach und ihre Eltern kamen angelaufen.

»Da war ein komisches Geräusch«, sagte Clarita. Aber keiner konnte etwas Komisches hören. Annemie glaubte, dass Clarita schlecht geträumt hatte, und deckte sie wieder zu.

Am nächsten Abend hatte Clarita Angst, ins Bett zu gehen. Darum gab Ottokar ihr eine Glocke. Er stellte sie neben das Bett, und wenn nachts wieder komische Geräusche kamen, sollte Clarita mit der Glocke läuten. Dann würden ihre Schwestern aufwachen und ihre Eltern angelaufen kommen und alle zusammen würden die Geräusche verjagen.

Das war gut. Clarita stellte die Glocke gleich neben ihr Kissen. »Gute Nacht«, sagte sie zu ihren Prinzessinnenschwestern, als alle schön zugedeckt waren, und sie hatte keine Angst mehr.

Mitten in der Nacht aber geschah etwas, das Clarita so furchtbar erschreckte, dass sie aufwachte und im selben Moment laut schrie: »Ah!«

Vor ihr stand Romi. Sie hatte die Glocke in der Hand und sagte: »Tut mir leid, Clarita. Ich wollte dich nicht erschrecken.« Es war nämlich die Glocke gewesen, die Romi geläutet hatte und die Clarita geweckt und erschreckt hatte.

Auch Pina, Ottokar und Annemie waren wach gewor-

den. Romi erklärte: »Ich habe ein Geräusch gehört.« Alle waren ganz still und lauschten, aber sie hörten nichts. Am nächsten Tag überlegten die drei Prinzessinnen, was das wohl gewesen war. »Ein Einbrecher«, glaubte Pina. »Nein, ein Bär«, meinte Romi. Und Clarita vermutete, dass es ein Gespenst gewesen sein musste.

Sie nahmen sich vor, die nächste Nacht alle zusammen so lange wach zu bleiben, bis sie das Geräusch hörten. Und dann wollten sie den Geräuschemacher erschrecken. Pina holte ein Fischernetz. Das wollte sie dem Einbrecher über den Kopf werfen, damit er nicht weglaufen konnte. Romi baute sich aus Töpfen eine Trommel, auf die sie laut mit Kochlöffeln schlagen wollte, um den Bären in die Flucht zu treiben. Und Clarita nahm ein Bettlaken. Sie wollte sich als Gespenst verkleiden. Denn wenn das fremde Gespenst sah, dass es hier schon Gespenster gab, würde es sicher gleich davonfliegen.

So warteten die drei Prinzessinnen, als es Abend geworden war, in ihrem Turmzimmer auf das Geräusch. Es geschah nichts und sie wurden müder und müder.

Clarita merkte, dass ihren Schwestern die Augen zufielen. Da machte sie: »Huhu!«, und bewegte ihre Gespensterarme, um sie wieder aufzuwecken. Eine Stunde später musste Romi ganz kurz auf ihre Trommel schlagen, um die anderen vom Einschlafen abzuhalten.

Da – endlich! Da war ein Geräusch. Ein Rasseln und Ratschen. Mucksmäuschenstill hielten die Prinzessinnen ihren Atem an. Es kam vom Fenster. Leise, leise schlichen sie sich auf Zehenspitzen heran. Pina nahm das Fischernetz, Romi streckte einen Topf und einen Kochlöffel hoch. Clarita hielt ihren Zeigefinger vor den Mund, dann machte sie vorsichtig das Fenster auf. Ihr Herz schlug schnell.

Schwupps! Ein dunkler Schatten kam durchs Fenster hereingehuscht. Clarita wollte Licht machen, aber da verfing sie sich im Fischernetz, das Pina im selben Moment durch die Luft geworfen hatte. Und niemand konnte etwas verstehen, weil Romi wie verrückt zu trommeln begonnen hatte.

Erst als der Geräuschemacher laut »Miau!« rief, wurde es plötzlich still. Pina machte das Licht an. Ein kleines Kätzchen saß in der Ecke. Es war ganz schwarz mit einer einzigen weißen Pfote.

»Wie süß!«, rief Romi.

»Es wollte nur hier herein«, staunte Pina.

»Und wir haben es verjagt, mit Schreien und Glockengeläut«, sagte Clarita. Sie streichelte den kleinen Geräuschemacher und ließ ihn unter ihr Gespensterkostüm kriechen. Für den Rest der Nacht durfte das Kätzchen bei ihnen bleiben. Die Mädchen gaben ihm den Namen »Glöckchen«.

Geschichtenspaß für 3 Minuten

Piratengeschichten für 3 Minuten
978-3-401-70837-9

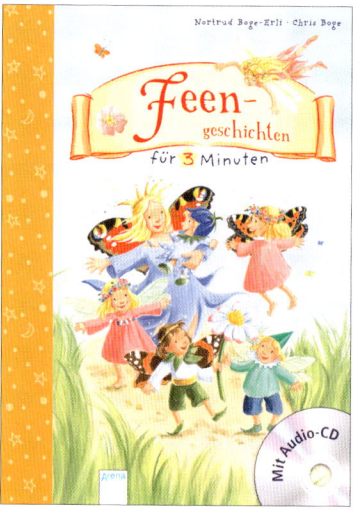

Feengeschichten für 3 Minuten
978-3-401-70814-0

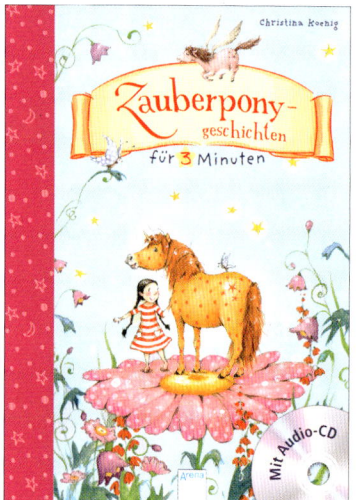

Zauberponygeschichten für 3 Minuten
978-3-401-70812-6

Rittergeschichten für 3 Minuten
978-3-401-70811-9

Jeder Band:
80 Seiten • Gebunden
Mit farbigen Illustrationen und Audio CD

Arena

www.arena-verlag.de